Tine Anlauff-Haase &
Stefanie Böhmann

Für Familie und Kindergarten

# Eine Reise zum Osterfest

Gestaltungsideen
für jeden Tag von Palmsonntag bis Ostermontag

BRUNNEN VERLAG GIESSEN

2

© 2008 Brunnen Verlag Gießen
www.brunnen-verlag.de
Satz, Layout, Umschlaggestaltung: archi A.C.T. Stuttgart
Druck: Harms, Großoesingen
ISBN 978-3-7655-6376-8

# Oli Osterlings Oster-Flug

## Was dieses Buch will

**Liebe Eltern,
liebe Erzieher/innen,**

ist Ihnen schon einmal aufgefallen, dass uns in der Vorweihnachtszeit eine Fülle von Gestaltungshilfen für „Weihnachten mit Kindern", Adventsfeiern, Adventskalendern usw. angeboten wird, aber nur sehr wenig Entsprechendes zu Passion und Ostern zur Verfügung steht?
Wir sind bei der Suche nach geeignetem Material jedenfalls nur vereinzelt fündig geworden – gerade was das Arbeiten mit kleinen Kindern betrifft. Das vorliegende Materialheft entstand also aus eigener Betroffenheit.
Dabei ist doch Ostern für Christen von zentraler Bedeutung (eigentlich ja sogar entscheidender als Weihnachten) – und das wollen wir unseren Kindern weitergeben.

Anfänglich haben wir es als Manko empfunden, dass dieses Bewusstsein so wenig verbreitet ist. Inzwischen sehen wir aber gerade darin die Chance, die Passionszeit mit Kindern bewusst und kreativ zu gestalten, denn anders als im Advent hat man sich nicht mit vielerlei folkloristischen „Inhalten" (Rauschgoldengelchen, Zuckerwatte, Friede, Freude, Eierkuchen...) herumzuschlagen. Außer dem Osterhasen und seinen bunten Eiern, Frühlingsluft und Nestsuche begegnet einem kaum noch ein typischer Ostervertreter.
Vielleicht ist es unter diesen Voraussetzungen ja viel einfacher, sich wieder auf die wesentlichen (ursprünglichen) Inhalte zu besinnen und sie kreativ in unseren Familienalltag einzubauen.

Und weil uns noch keine Mutter und kein Vater begegnet ist (einschließlich uns selbst), die und der über ein überschüssiges Zeitdepot verfügt, muss sich unser „Oli" kurz und leicht verständlich präsentieren: **für jeden Tag eine Doppelseite** – übersichtlich und einfach in der Handhabung, jederzeit kürz- oder ausbaubar, umzusetzen ohne große Vorbereitung: Die Instant-Anleitung für Eltern mit Zeitknappheit.

Wir wünschen Ihnen und Ihren Kindern viel Spaß mit Oli und hoffen, dass Sie eine gesegnete Osterwoche erleben und die Osterfreude entdecken.

Stefanie Böhmann & Tine Anlauff-Haase

*... für jeden Tag eine Doppelseite.*

④

Konzept

⑥ Material

④ Wissenswertes

⑤ Kreativ-Tipp

In dieser Spalte ist das Material für den Kreativ-Tipp zusammengestellt.

Die grau unterlegten Spalten sind zum Vorlesen.

Auf der linken Seite erfahrt ihr jeden Tag etwas Interessantes über **Osterbräuche** und Hintergründe.

Beim Kreativ-Tipp gibt es für jeden Tag einen Bastelvorschlag oder eine Gestaltungs-Idee.

Wenn der zu bastelnde Gegenstand für Olis Erzählung gebraucht wird (also **vor** dem Vorlesen am Ostergarten hergestellt werden sollte) ist der Kreativ-Tipp rot gekennzeichnet:

heute *zuerst* basteln!

Wenn es für den Kreativ-Tipp bei den Anlagen weiteres Material gibt, sieht das so aus:

Anhang

## ... für jeden Tag eine Doppelseite.

Die Nummerierung bezeichnet die Priorität der einzelnen Schritte (nicht die Reihenfolge!).

Es ist hilfreich, zu Beginn des täglichen Treffens mit Oli Osterling mit den Kindern über das Gehörte und Erlebte des Vortages zu sprechen (kurze Wiederholung).

Bei „Oli im Überblick" kann man sich auf die Schnelle einen Überblick verschaffen, wo was zu finden ist.

S. 38/39

Olis Osterlied

⑦ Hier gibt´s für jeden Tag einen passenden Liedvers zu Olis Oster-Lied. Das komplette Lied ist hinten im Buch abgedruckt.

S. 36/37

## „Tages-Thema"

### Oli Osterling erzählt ① ② ③
### OsterWeg       Material                  5

Hier erzählt Oli, der Schmetterling, jeden Tag ein Stück der Passionsgeschichte.

Am besten, ihr setzt euch um euern Osterweg herum und lasst das Erzählte dort gleich lebendig werden.

In der Spalte daneben wird auch gleich beschrieben, wie das geht.

... und hier findet ihr im Überblick, welches Material dafür bereit-liegen sollte.

**Der Osterweg**

Der „Osterweg" ist eine Komposition aus österlichem „Advents"-Kalender, Ostergarten, Kreuzweg (siehe Samstag) und Platzmangel.

Kinder lernen am besten, wenn sie Inhalte mit allen Sinnen be-greifen können. Deshalb soll der Osterweg ihnen die Möglichkeit geben, den Kreuzesweg Jesu durch die Anregung ihrer Sinne besser nachempfinden zu können. Ähnlich wie es an Weihnachten einen Adventskalender gibt, der uns jeden Tag das Warten auf Jesu Geburtstagsfeier erleichtern soll bzw. uns auf Weihnachten einstimmen möchte, soll der Osterweg uns in der Osterwoche auch auf das Fest der Auferstehung vorbereiten.

Die Idee eines **Ostergartens** gibt es schon einige Jahre. Im „Ostergarten" ist in Lebensgröße der Passionsweg Jesu nachempfunden. Man will mit ihm grundlegende Werte vermitteln und Kindern die Möglichkeit geben, die Zeit, in der Jesus gelebt hat, besser nachvollziehen zu können. Die biblische Geschichte soll durch die nachempfundene Landschaft, typische Kleider und kindgerechte Texte nacher-lebt werden. Sogar im Europapark in Rust war er schon aufgebaut und zog ca. 16000 Besucher an.

Da wir in kleinen Wohnungen leben und teilweise nicht über einen Garten verfügen, musste eine kleinere Ausgabe des „Ostergartens" erfunden werden: der Osterweg. Er soll ein kleiner Ostergarten mit Kreuzweg-Charakter sein.

Für die Osterwoche sollte der **Osterweg** seinen festen Platz auf einem Tischchen, auf einem Sideboard oder auf dem Boden in einer ungestörten Ecke finden, vielleicht auf einer besonderen Decke. Empfehlenswert bei Platzmangel ist ein tragbarer Untersatz (Tablett o.ä.), auf dem alle Utensilien liegen bleiben können.
Mit Kieselsteinen und Moos kann man einen langen Weg oder ein Oval legen. Dieser Weg wird jeden Tag mit neuen zu der Geschichte passenden Elementen ergänzt.

z.B.
Tischchen
Tablett
Decke

Kieselsteine
Moos

*„Moosbett" im Serviertablett. Die Steine haben wir am Rügener Strand gesammelt – eine Erinnerung an den Urlaub.*

**Konzept**

**Samstag vor Palmsonntag**

## Material

Ein Bogen weißes Papier (120g/m²)
Wassermalfarben
Pinsel
Pfeifenputzer
2 Perlen
Klebstoff

## Wissenswertes

**Der Kreuzweg**

Der Kreuzweg besteht meistens aus 14 bildlichen Darstellungen vom Leidensweg Jesu. Er beginnt mit der Verurteilung Jesu durch Pilatus und endet mit der Grablegung. Manchmal findet man auch eine 15. Station, welche die Auferstehung darstellt.

Seinen Ursprung hat der Kreuzweg in einem Brauch der Pilger, die nach Jerusalem gereist sind, um dort den Leidensweg Jesu auf der „Via Dolorosa" nachzugehen.

Im Mittelalter beschäftigte sich Franz von Assisi eingehend mit der Kreuzesverehrung und entwickelte Kreuzwegandachten als Ersatz für die doch oft beschwerlichen und kostenspieligen Pilgerfahrten nach Jerusalem.

Er wollte durch die jeweiligen Andachten den Leidensweg Jesu anschaulich erlebbar machen.

Im 14. Jahrhundert führten Franziskaner die Pilger zu Stätten des Leidenswegs Jesu in Jerusalem. Dort verweilten sie betend an den jeweiligen Plätzen.

Zurück in Europa setzten die Pilger das Erlebte um und entwickelten plastische Kreuzwege.

Im 17. und 18. Jahrhundert hielt die bildliche Darstellung des Leidensweges Jesu Einzug in die Kirchen. Erst waren es sieben Stationen, die nach und nach erweitert wurden, wobei nicht alle dargestellten Ereignisse ihre Grundlage in den Evangelien haben (z.B. das dreimalige Fallen Jesu unter dem Kreuz).

In Bayern bzw. in vielen katholisch geprägten Landkreisen findet man häufig Kreuzwege: eine Abfolge von Bildern des Leidens Jesu entlang eines Weges. In der Osterzeit begegnet man immer wieder Pilgern, die den Leidensweg Jesu durch das Ablaufen dieser Bilder nachempfinden. Man kann Dinge einfach besser nachvollziehen, wenn man sie nicht nur hört, sondern auch bildlich sehen kann.

## Kreativ-Tipp — heute *zuerst* basteln!

**So kannst du Oli basteln:**

1. Falte ein weißes etwas festeres Papier in der Mitte.

2. Male mit einem Bleistift die Umrandungen von einer Schmetterlingsseite auf eine Hälfte des Blattes und male diese mit Wassermalfarben an.

3. Klappe nun die andere Seite auf das entstandene Bild. Es entsteht ein Abdruck. Du kannst natürlich den Schmetterling auch (ohne Abdruck) einfach bemalen.

4. Nach dem Trocknen:
Klappe das Papier in die entgegengesetzte Richtung, damit du den Schmetterling entlang der aufgezeichneten Form ausschneiden kannst.

5. Male ihn nun noch von der weißen Seite mit deiner Lieblingsfarbe an.

6. Nimm nun zwei Pfeifenputzer und flechte sie umeinander herum, sodass oben nur noch zwei kleine Enden übrig bleiben. Auf diese setzt du zwei kleine Perlchen als Fühler. Klebe nun den Körper in der Mitte auf der bunten Seite fest.

Und fertig bin ich, Oli Osterling, der Schmetterling.

**Olis Osterlied**

Lob und Ehre, Lob und Ehre,
Lob und Ehre Jesus Christ,
der für mich und alle Menschen
auf die Welt gekommen ist.
Lob und Ehre Jesus Christ.

Kommt nach Jerusalem,
denn dort ist heut was los.
Alle kommen, um zu feiern,
Menschen, Tiere, klein und groß.

## Reise-Vorbereitung

### Oli Osterling erzählt

Ich bin Oli, der Schmetterling. Ich bin von Haus aus sehr neugierig und fliege gerne los, um Abenteuer zu erleben. Hier in der Gegend um Jerusalem ist immer viel los, weil die unterschiedlichsten Leute und auch verschiedenste Tiere in die Stadt kommen: Händler, Reisende, Tempelbesucher, andere Schmetterlinge, Käfer, Esel …
Neulich habe ich eine spannende Geschichte erlebt. Soll ich sie dir erzählen?
Na, dann lass uns in den nächsten anderthalb Wochen jeden Tag ein paar Minuten zusammensitzen, zuhören, basteln, singen und die Passionswoche miteinander erleben.
Ich freu mich drauf!

### OsterWeg

Aus Kieselsteinen ein großes Oval legen und mit grünem Moos am Rand verzieren.
Oli wird auf ein Moosstück am Rand gelegt.

### Material

Kieselsteine
Moos

**Samstag** — 7

*Drei groß geratene Olis flattern überm Osterweg. Und welchen nehmen wir jetzt?*

## Palmsonntag

### Material

Kerze

Flüssiges Wachs
(oder Wachsplatten)
Pinsel

*oder*

Ausstechformen
Messer

*oder/und*

„KerzenPen"
(Flüssigwachs aus der Tube)

### Wissenswertes

**Die Osterkerze**

Das Licht der Osterkerze ist ein Zeichen des Lebens. Es symbolisiert den auferstandenen Jesus, der über den Tod gesiegt hat. Er ist das Licht der Welt. Die Osterkerze findet sich in griechischen, jüdischen und römischen Traditionen und wurde auch schon von den ersten Christen verwendet, um die Osternacht zu erhellen.
Heute wird die Osterkerze in vielen Kirchen zu Beginn der Osterfeier am Karsamstag am Osterfeuer entzündet und dann in die dunkle Kirche getragen. Dort wartet die Gemeinde und begrüßt das Licht mit dem dreimaligen Ruf: „Christus, das Licht der Welt. Gott sei ewig Dank!" Wenn die Kerze im Altarraum angebracht ist, kann jeder Gottesdienstbesucher seine Osterkerze an dem großen Licht entzünden und dieses Licht mit nach Hause nehmen.
So kann man auch sein Umfeld erleuchten und allen durch die Kerze die gute Osterbotschaft verkünden: „Jesus lebt!"

Die Osterkerze ist in den Kirchen immer weiß als Zeichen der Hoffnung und des neuen Lebens. Als Motive zur Verzierung finden sich: Kreuz, Baum, Lamm, Taube, Sonne und Wasser. Über dem Kreuz wird oft das griechische Alpha und unter dem Kreuz das Omega angebracht. Das sind der erste und der letzte Buchstabe des griechischen Alphabets und will sagen, dass Jesus Anfang und Ziel der Weltgeschichte ist.

### Kreativ-Tipp

*heute* **zuerst** *basteln!*

**Osterkerze gestalten:**

Als Kerze eignen sich am besten weiße Kerzen, da man darauf die Farbe am besten sieht.
Wenn man feine Bilder malen möchte, braucht man feine Pinsel, für grobe Muster können die Pinsel auch etwas dicker sein.
Eine Osterkerze können schon die Kleinsten mitgestalten (ab 1 Jahr). Wenn man ihnen flüssiges Wachs auf den Pinsel streicht und diesen in die Hand gibt, kann man ihnen die Kerze halten und sie können das Wachs einfach auf die Kerze streichen.
Auf die Osterkerze muss auch kein besonderes Motiv, es geht ja nur darum, dass sie brennt und dass das Licht als Symbol für Jesus leuchtet.
Für etwas größere Kinder eignen sich auch gut Wachsplatten, aus denen man Ostermotive mit Ausstechformen ausstanzen kann. Mit Flüssigwachs aus der Tube lässt sich die Kerze (evtl. zusätzlich) beliebig bemalen oder beschriften.

*Osterkerzen mit Wachsplatten beklebt (mit Ausstechformen und Messer ausgeschnitten) und bemalt („KerzenPen"- Flüssigwachs aus der Tube).*

**Olis Osterlied**

Hosianna, Hosianna,
Hosianna, König du.
Alle Leute jubeln Jesus Christus
auf der Straße zu.
Hosianna, König du.

Auf, auf zum Passahfest,
wir warten lang schon drauf.
Jesus reitet auf dem Esel
nach Jerusalem hinauf.

## Der Einzug nach Jerusalem

### Oli Osterling erzählt

**Der Esel Phillipo bekommt eine große Aufgabe**
Es war an einem Sonntag. Ich war unterwegs, um Phillipo, den kleinen grauen Esel, zu besuchen.
Ich hatte ihn schon so lange nicht mehr gesehen.
Als ich an seinem Stall ankam, sah ich einige fremde Männer, die ihn einfach losbanden.

Ich versteckte mich schnell hinter einem Busch und beobachtete sie weiter. Nach kurzer Zeit kam Phillipos Herr aus dem Haus und fragte die Männer, was sie vorhätten.
„Der Herr braucht ihn!", antworteten sie und banden Phillipo einfach los. Ich beschloss den Männern zu folgen. Sie konnten doch nicht einfach meinen Freund mitnehmen, ohne ihn gekauft zu haben.

**Jesus macht sich auf den Weg nach Jerusalem**
Nach einiger Zeit kamen wir zu einer Gruppe von Männern und Frauen. In der Mitte stand ein Mann, den sie alle Jesus nannten.

Er sah sehr freundlich aus, streichelte Phillipo liebevoll und schwang sich auf seinen Rücken. Die ganze Gruppe machte sich auf den Weg. Als Jerusalem in Sicht kam, fingen die Leute an zu jubeln und riefen: „Hosianna! Gelobt sei Gott! Unser neuer König zieht in Jerusalem ein!" Die Menschen nahmen Palmzweige in die Hand und wedelten damit.

Sie breiteten ihre Gewänder auf der Erde aus, sodass Jesus nicht im Staub der Straße reiten musste.
So zog er in Jerusalem ein. Es war ein echtes Fest. Ich war ganz begeistert, als ich mir vorstellte, dass dieser nette Mann der neue König werden sollte. Ich versuchte vor Freude die schönsten Saltos in der Luft zu drehen.
Morgen werde ich euch erzählen, was dann in Jerusalem passierte. Es kam nämlich ganz anders, als ich es dachte.

### OsterWeg

Esel aufstellen.

Osterkerze als Symbol für Jesus auf den Weg stellen und anzünden.

Jedes Kind darf sich einen Weidenkätzchenzweig nehmen, damit wedeln und ihn dann auf den Weg legen.

Kleine Stoffstücke auf den Boden legen.

### Material

Esel *
Osterkerze
Weidenkätzchen
(1 Zweig pro Kind)
Stoffreste
Streichhölzer

### Anhang Nr. 1
Seite 29

**Esel ***
Hierfür kann ein vorhandenes Plüsch- oder Holztier verwendet werden.
Oder:
Bastelvorlage im Anhang anmalen und ausschneiden.

**zuerst** basteln!

PalmSonntag

# 10

## Montag

### Material

**1-2-3-Teig**
1 Teil Zucker
(z.B. 100 g)
(ein bisschen weniger tut´s auch – 1 Pck. Vanillezucker darf auch dabei sein).
2 Teile Fett
( z.B. 200 g)
(weiche Margarine, Butter schmeckt besser!)
3 Teile Mehl
(z.B. 300 g)

1 Ei

Zum Verzieren,
was die Küche gerade so zu bieten hat, z.B.
Schokostreusel,
Rosinen,
Mandelgranulat,
Zitronat,
Hagelzucker usw.

### Wissenswertes

#### Das Osterlamm

Das Lamm als das Symbol für die Wehrlosigkeit, die Geduld, den Frieden, das sich nicht selbst gegen wilde Tiere zur Wehr setzen kann, galt für die Juden des Alten Testaments als bevorzugtes Opfertier. Besondere Bedeutung bekam es durch den Auszug des Volkes Israel aus Ägypten: Wer die Pfosten seiner Eingangstür nicht mit dem Blut eines Schafes bestrichen hatte, wurde von dem Würgeengel nicht verschont und verlor alles Erstgeborene seines Haushaltes. Zum Gedenken an diese Befreiung aus der Unterdrückung in Ägypten feiern die Juden noch heute das Passahfest und essen dabei Lammfleisch.

Im Neuen Testament wird Jesus als das Lamm Gottes bezeichnet.
Künstler stellen das Lamm mit einer weißen Fahne dar. Die Fahne symbolisiert den Sieg Jesu, des Lammes, über den Tod. Das Lamm wurde zur Schlachtbank geführt, wurde getötet, hat aber den Sieg über den Tod errungen.

### Kreativ-Tipp

#### Lamm-Ausstecherle

**1-2-3-Teig (Mürbteig)**
Zutaten zügig verkneten, wenn der Teig nicht richtig zusammenhält, einige (wenige!) Tropfen Wasser zugeben.
Tischfläche mit wenig Mehl bestäuben,
Teig ausrollen,
ausstechen (ggf. mit dem Messer vom Tisch abheben)
und auf ein mit Backpapier ausgelegtes Blech legen.
Ei verquirlen, Plätzchen damit bestreichen.
Nun kann nach Herzenslust verziert werden.
Backofen vorheizen auf 170 °C, Backzeit: 10 Minuten.

*Vorteil des ei-freien Teiges: Naschen erlaubt!*

*Das meistgenannte Tier der Bibel.*

### Olis Osterlied

Brot und Wein 7
teilt Jesus aus.
Lädt uns ein zu seinem Mahl,
keinen schickt der Herr hinaus.
Brot und Wein teilt Jesus aus.

Feiert das Abendmahl
als Zeichen seiner Tat.
Jesus schenkt sich uns in Brot und Wein.
Gott selbst sich zu uns naht.

## Das Abendmahl

### Oli Osterling erzählt

**Jesus und seine Jünger essen gemeinsam**

Ich beschloss Jesus zu folgen. Er strahlte so eine Ruhe und einen Glanz aus, dass ich unbedingt in seiner Nähe sein musste. Nachdem also Jesus in Jerusalem eingezogen war, wollte er mit seinen Jüngern, so nannte er seine Freunde, das Passahfest feiern. Dabei isst man gemeinsam Fladenbrot, Lammfleisch und trinkt Wein. Die Jünger hatten tagsüber schon auf dem Markt für das Festessen eingekauft.

Zusammen gingen wir in einen schönen Raum.

Ich ließ mich an einem Fenster nieder, um von dort alles beobachten zu können.

**Jesus spricht von seinem Tod**

Ganz nach der damaligen Sitte, setzten sich die Jünger nicht auf Stühle, sondern sie lagerten sich auf Kissen am Boden. Dann nahm Jesus das Brot in die Hände und dankte Gott dafür.

Er brach ein Stück ab und gab das Brot an die Jünger weiter. Auch für den Wein dankte er, trank davon und reichte ihn weiter. Es war eine ganz besondere und feierliche Stimmung. Jesus sprach immer wieder davon, dass es das letzte Essen mit seinen Jüngern wäre und dass er bald sterben würde. Das habe ich alles zu dem Zeitpunkt nicht verstanden, aber ich erzähle euch morgen, wie es weiterging.

### OsterWeg

Einen Krug mit Traubensaft und Brot aufstellen.

Osterkerze als Symbol für Jesus wieder anzünden.

Das Brot an die Kinder weiterreichen und es gemeinsam essen,
Traubensaft gemeinsam trinken.

### Material

Krug mit Traubensaft
Trinkbecher
Brot
Osterkerze
Streichhölzer

**Tisch-Rap (Tischgebet)**
(sehr rhythmisch sprechen):         *mit beiden Händen:*

| | |
|---|---|
| Sieh, für dich | *- auf die Tischnachbarn zeigen* |
| und für mich | *- auf sich selbst zeigen,* |
| ist der Tisch gedeckt. | *- auf den Tisch zeigen.* |
| Habe Dank, | *- Hände falten,* |
| lieber Gott, | *- nach oben zeigen,* |
| dass es uns so schmeckt. | *- mit der Hand kreisförmig über* |
| Amen. | *den Bauch streichen.* |

# 12 Dienstag

## Material

Eier

aus der Apotheke:
Rotholz
Blauholz
Krappwurzel

alternativ:
Zwiebelschalen
Currypulver
Rotkohl
Efeu
oder Brennnesseln
rote Beete

*Gefärbte Eier: Farbe mit Symbolik oder einfach nur schön bunt.*

## Wissenswertes

### Das Osterei

Das Ei gilt als ein Symbol für Leben, Reinheit, Fruchtbarkeit, aber auch als Zeichen für die Ewigkeit. Als solches wurde es schon im 4. Jahrhundert nach Christus bei den Germanen als Grabbeigabe, Opfergabe oder als Liebesgabe benutzt. Aber auch als Zahlungsmittel wurde es eingesetzt.

Die ersten Christen verbanden mit der kalten Schale des Eies die Kälte des Grabsteins, der vor Jesu Grab lag. Das Ei wie auch der Grabstein verbergen hinter ihren kalten „Mauern" Leben. So ist das Ei im Urchristentum auch zum Symbol für die Auferstehung geworden.

Traditionell wurde das Ei in Westeuropa rot gefärbt, als Zeichen für die Lebensfreude, die Liebe und das Blut Jesu. In Osteuropa erscheint es allerdings häufig im kostbaren Gold.

## Kreativ-Tipp

### Eier färben

Naturfarben wie z.B. Rotholz für Hellrot, Blauholz für Hellviolett oder Krappwurzel für Ziegelrot gibt es in der Apotheke. Ein 30g-Päckchen reicht für ca. 30 Eier. Allerdings ist das Färben mit selbst hergestellten Farben billiger.

**Zwiebel**schalen – **braune** Eier:
3 Hände voll Zwiebelschalen in einem Liter Wasser aufkochen.
**Curry**pulver – **gelbe** Eier:
3 Esslöffel Gewürz auf ein Liter abgekochtes Wasser.
**Rotkohl** – **blaue** Eier:
4 Tassen in einem Liter Wasser abkochen.
**Efeu** oder **Brennnesseln** – **grüne** Eier:
3 Hände voll in einem Liter Wasser aufkochen.
**Rote-Beete**-Saft – **rote** Eier:
2 rote Beete schälen und die Schale im Wasser zum Kochen bringen.

Die Eier dürfen nicht gekühlt sein, sonst springen sie zu leicht. Wenn man ein Motiv auf ein Ei drucken möchte, kann man es in eine alte Strumpfhose einbinden und vorher ein gepresstes Blatt oder eine Blüte auf das Ei legen. So eingebunden werden die Eier gekocht und gefärbt. Wenn die Eier ausgepackt und abgekühlt sind, kann man sie mit Speckschwarte abreiben, damit sie mehr glänzen.

Dazu ist es interessant, die Bedeutung der Farben zu kennen:
**Gelb** steht traditionell für Erleuchtung und Weisheit.
**Rot** ist das Symbol für den Opfertod Jesu.
**Weiß** ist ein Zeichen für Reinheit.
**Grün** wird verwendet für die Jugend und Unschuld.
**Orange** symbolisiert Kraft und Ausdauer sowie Wärme und Ehrgeiz.

### Olis Osterlied

Wacht und betet
doch mit mir.
Jesus ringt und betet einsam,
seine Jünger schlafen hier.
Wacht und betet doch mit mir.

Judas, der ihn verriet,
er kannte gut den Ort.
Jesus wird gefangen abgeführt,
die Truppe bringt ihn fort.

# Gefangennahme

## Oli Osterling erzählt

### Jesus betet auf dem Ölberg
Als sie mit dem Essen fertig waren, stand Jesus auf und ging auf den Ölberg, da gibt es einen Garten, der sehr schön ist.

Seine Jünger folgten ihm und ich auch. Es war schon dunkel geworden, aber ich sah trotzdem, dass Jesus traurig war. Am liebsten wäre ich zu ihm geflogen und hätte ihn getröstet. Aber er wollte lieber allein sein, um zu beten. Die Jünger setzten sich an ein schönes Plätzchen, während Jesus etwas weiterging, um dort mit Gott zu reden.

Er kniete sich an einem Stein nieder und redete mit Gott. Ich konnte kaum etwas verstehen. Es klang so wie: „Mein Vater. Hilf mir! Ich kann das nicht alles tragen." Es wurde plötzlich ganz hell um ihn, als würde ein Engel bei ihm sein und ihn trösten.

### Die Jünger schlafen ein
Schnell bin ich zu den Jüngern zurückgeflogen, damit Jesus noch ein bisschen allein sein konnte. Bei den Jüngern war es sehr gemütlich. Sie redeten noch ein bisschen und begannen zu gähnen. Einige schliefen schon. Da überkam auch mich eine so große Müdigkeit und ich muss wohl ein bisschen eingenickt sein. Plötzlich wurde ich wach, weil ich Männer laut reden hörte.

### Soldaten nehmen Jesus gefangen
Da sah ich eine Gruppe von Soldaten, mit Fackeln in den Händen, die mürrisch zu mir herüberschauten. Schnell flog ich hinter einen Stein, um mich zu verstecken. Von Weitem sah ich, wie einer der Jünger, ich glaube, er hieß Judas, Jesus einen Kuss gab. Danach ging alles ganz schnell. Die Soldaten gingen auf Jesus zu und nahmen ihn fest. Sie fesselten Jesus.

Aber er hatte doch gar nichts getan. Ich wusste nicht, was ich tun sollte. Die anderen Jünger rannten ganz schnell weg. Da stand Jesus gefesselt und wurde wie ein Schwerverbrecher abgeführt. Keiner half ihm. Es war schrecklich! Aber was sollte ein kleiner Schmetterling tun? Ich konnte ihm auch nicht helfen.

## OsterWeg

Osterkerze anzünden.

Stein hinlegen.

Ein Stück Seil/Paketschnur um die Kerze legen.

## Material

Osterkerze
Streichhölzer
Stein
Schnur

# 14

## Mittwoch

### Material

Eierschalen
Kressesamen
Watte
Knete
(Alufolie)

*In vielen Familien darf der Osterstrauß nicht fehlen.*

### Wissenswertes

#### Ostergrün

Es gehört zu den schönsten Dingen, im Frühling das erste frische saftige Grün von Weiden- oder Birkenzweigen aufblühen zu sehen oder sich über die Forsythienblüten zu freuen. Auch Weizenkörner, Kressesamen oder Gras kann man säen, um schnell in den Genuss von frischem Grün zu kommen.

Das Ostergrün ist ein Symbol für das wiederkehrende Leben, und deshalb darf in vielen Familien der Osterstrauß nicht fehlen. An den aufbrechenden Knospen kann man beobachten, wie das neue Leben hervorsprießt, so wie Jesus vom Tod auferstanden ist und lebt.

Auch die Rose von Jericho, die man bei uns in der Osterzeit in Markthallen oder Blumenläden entdecken kann, wird gerne als Symbol für die Auferstehung eingesetzt. Sie präsentiert sich mit ihren dürren Zweigen in kugeliger Form. Bekommt sie Wasser, entfaltet sie ihre Zweige und erscheint bald in einem saftigen Grün.

### Kreativ-Tipp

**Lustige Eierköpfe** *Barhäuptige Eierköpfe ...*

Blase einige Eier aus. Oder benutze die Schale vom Frühstücksei (dabei musst du darauf achten, dass nur ein „kleiner Deckel" abgenommen wird und die Schale möglichst groß und unbeschädigt ist).

Forme aus Knete Eierständer und drücke die Eierschale vorsichtig darauf. Knete nun Augen, Ohren, Nase und Mund und drücke sie ebenfalls vorsichtig auf die Eierschalen, sodass ein lustiges Gesicht entsteht.
Stecke in die leeren Schalen angefeuchtete Watte und verteile darauf einige Kressesamen. Damit die Kresse besser keimt, kannst du sie mit einem kleinen Stück Alufolie abdecken. Diese musst du dann aber wieder abnehmen, sobald sie anfängt zu keimen. Wenn du die Watte immer feucht hältst, wachsen deinem Eiermännchen schon bald lustige Haare. In diesem Fall sind die Haare sehr bekömmlich!

*... bald kommt der Frisör.*

### Olis Osterlied

„Kennst du Jesus?",
fragt man dich.
Petrus leugnet, ihn zu kennen.
Und ich frage: „Was sag ich?"
„Kennst du Jesus?", fragt man dich.

Petrus erinnert sich,
der Herr hat prophezeit:
„Eh der Hahn kräht, wirst du mich verleugnen". Jetzt tut es ihm leid.

# Petrus will nicht dazugehören
## Oli Osterling erzählt

Ich hatte mich ja schon gewundert, wo die anderen Freunde von Jesus hingelaufen waren. Bei der Gefangennahme waren sie nämlich plötzlich alle weg. Stell´ dir vor, Pit, ein Freund von mir und von Haus aus auch Schmetterling, hat einen Jünger verfolgt und mir gerade eben erzählt, was er erlebt hat. Eine merkwürdige Geschichte. Ich erzähle sie dir mal eben.

### Petrus wird 3 mal wiedererkannt
Der Jünger hieß Petrus.
Als er die Soldaten kommen sah, hat er sich erst lange Zeit in einem Gebüsch versteckt. Dann ist er der Truppe langsam und in großem Abstand gefolgt. In der Nähe von dem Haus, in dem Jesus verhört wurde, brannte ein Feuer, an dem sich Petrus wärmen wollte. Da kam eine Frau vorbei und sprach ihn an: „Hi. Dich habe ich doch auch bei diesem Jesus gesehen."
Und Pit hätte es fast von seinem Versteck geworfen, als er die Antwort von diesem Mann hörte. Er sagte: „Wie kommst du denn darauf, Frau? Ich weiß nicht, wovon du redest."

Da hat er einfach behauptet, er würde Jesus nicht kennen! Aber es kam noch schlimmer. Petrus schien sich plötzlich in seiner Haut nicht mehr wohlzufühlen. Er wollte den Hof verlassen, da sprach ihn am Tor ein Mädchen an: „Du warst doch auch bei diesem Jesus dabei. Ich bin mir ziemlich sicher, dass ich euch zusammen gesehen habe." Und wieder antwortete Petrus: „Aber nein. Ich schwöre dir: Ich kenne ihn nicht."

Einige Leute, die in der Nähe standen, kamen nun auch dazu und sprachen Petrus ebenfalls an: „Na klar, du bist auch einer von diesen Jüngern. Wir sind uns ganz sicher, dass du zu diesem Jesus gehörst." Petrus wurde es immer unwohler. Er schaute sie an und meinte: „Bei Gott. Ich sage euch doch: Ich gehöre nicht dazu."

### Jesus wusste, dass Petrus ihn verraten würde
Als er das gesagt hatte, hörte man einen Hahn drei Mal krähen.
Petrus hörte ihn auch, drehte sich auf dem Absatz um und rannte mit Tränen in den Augen davon. Petrus war immer der Jünger gewesen, der ganz nah bei Jesus sein wollte. Aber Jesus hatte ihm wohl schon mal angedeutet, dass Petrus nicht mehr zu ihm stehen würde, wenn es hart auf hart kommen würde. Als Erkennungszeichen sollte ein Hahn drei Mal krähen. An Jesu Worte erinnerte sich Petrus nun wieder. Da hatte er aber ordentlich etwas zu verkraften.
Pit und ich haben noch lange darüber gesprochen. Ich habe ihn gefragt: „Hättest du den Mut gehabt, zu sagen, dass du dazu gehörst?"

## OsterWeg

Vor dem Start: Osterkerze anzünden.

Die einzelne Spielfigur auf den Osterweg stellen.

Eine weitere Spielfigur dazustellen.

Eine weitere Spielfigur dazustellen.

Eine weitere Spielfigur dazustellen.

Vogelfeder hinlegen oder Hahn aufstellen.

### Anhang Nr. 2
Seite 30

**Hahn\***
Wer statt der Vogelfeder einen „echten" Gockel verwenden will, findet im Anhang einen!

*zuerst* basteln!

## Material

Osterkerze
Streichhölzer
Vogelfeder
oder **Hahn\***
3 Spielfiguren
(gleichfarbig)
1 Spielfigur
(in einer anderen Farbe)

**Mittwoch**

## Gründonnerstag

### Material

Schere
Briefklammer
Klebstoff
schwarzer und
roter Filzstift
evtl. Buntstifte

### Wissenswertes

**Osterfeuer**

Das Osterfeuer wird auf das Urfeuer zurückgeführt, die Sonne. Ohne die Sonne ist kein Leben möglich. Deshalb galt sie auch in den verschiedensten Mythologien und Religionen als heilig. Sie ist verantwortlich für Wachstum und Leben. So wurde schon früh damit begonnen im Frühling als rituellen Akt ein Feuer anzuzünden, das die Fruchtbarkeit, die Ernte und das Wachstum sichern sollte. Mit dem Feuer als Symbol für die Sonne drückt man aber auch aus, dass sie der Sieger über den Winter ist und ein Erwachen in der Natur stattfindet. Das Frühlingsfeuer begrüßt also auch die Sonne.

Umgesetzt auf den christlichen Glauben versteht man das Osterfeuer als Symbol für das Lichtwerden der Welt durch die Auferstehung Jesu. Nach einer düsteren Zeit, in der Jesus gestorben war und man getrauert hat, beginnt nun die Zeit des Lichts und des Lebens. Jesus lebt!
Das Osterfeuer wird am Karsamstag vor Beginn der Osternachtsfeier entzündet und geweiht. An ihm wird dann auch die Osterkerze entzündet, die in die Kirche getragen wird.

*Das Osterfeuer wird am Karsamstag vor Beginn der Osternacht entzündet.*

### Kreativ-Tipp

**Das Osterküken schlüpft**

Schneide die Vorlagen aus:
Die Eierschalen aus dem weißem Fotokarton, das Küken aus dem gelben. Male dem Küken auf beiden Seiten ein Auge mit schwarzem Filzstift auf. Den Schnabel kannst du rot anmalen. Klebe die jeweils passenden Eierschalen an den auf der Vorlage eingezeichneten Flächen aufeinander und schiebe das Küken behutsam dazwischen.
Durchbohre die kleinen eingezeichneten Kreise vorsichtig mit einer dicken Nadel (oder bitte deine Eltern, es für dich zu tun). Durch die Löcher kommt die Briefklammer.
Wenn sie umgebogen ist, kannst du dein Osterküken schlüpfen lassen.
Wenn du Lust hast, kannst du das Osterei auch bunt anmalen.
Viel Spaß!

**Anhang Nr. 3**
Seite 31

**Olis Osterlied**

„Kreuzigt Jesus!"
– voller Hohn,
schrei'n die Leute. Und der Herr trägt auf dem Haupt die Dornenkron.
„Kreuzigt Jesus!" – voller Hohn.

„Was hat er denn getan?"
Pilatus weiß es nicht.
Doch sie schreien weiter: „Kreuzigt ihn!"
Man spuckt ihm ins Gesicht.

## Verurteilung

### Oli Osterling erzählt

**Jesus wird von Pilatus verhört und zum Tode verurteilt**

Ich war voller Angst, wollte aber doch wissen, wohin die Soldaten Jesus bringen. So flatterte ich hinter der Gruppe her. Einmal habe ich mich kurz auf die Schulter von Jesus gesetzt, weil ich ihm zeigen wollte, dass er nicht allein ist. Er lächelte liebevoll. Weil aber die Soldaten so mürrisch schauten, bin ich lieber schnell wieder nach hinten geflattert. Gefesselt führten sie Jesus direkt zum Richter Pilatus.

Pilatus verhörte Jesus. Währenddessen schrie draußen die Menschenmenge: „Kreuzige ihn!" Pilatus hörte es und fragte die Leute: „Was werft ihr Jesus vor? Was hat er Schlimmes getan? Ich kann keine Schuld an ihm finden." Die Leute riefen noch lauter als vorher: „Kreuzige ihn! Kreuzige ihn!" Pilatus schlug ihnen vor, Jesus freizugeben, aber die Menschen schrien immer lauter: „Nein, wir wollen ihn nicht frei haben. Kreuzige ihn!" Da gab der Richter den Leuten nach und hörte auf sie. Jesus wurde ohne Grund zum Tod verurteilt.

**Pilatus will nicht am Tod von Jesus schuld sein**

Weil aber Pilatus mit der ganzen Sache nichts zu tun haben wollte, ließ er sich eine Schale mit Wasser bringen.

Er wusch vor der ganzen Menschenmenge seine Hände darin. Das bedeutete, dass er keine Schuld am Tod Jesu haben wollte.
Mir wurde ganz schwindelig. Wieso wird jemand, der nichts Böses getan hat, einfach zum Tod verurteilt? Weil Jesus gesagt hat, dass er der König der Juden wäre, zogen ihm die Soldaten einen roten Mantel an, wie ihn sonst Könige tragen. Sie setzten ihm eine Krone aus Dornen auf.

Sie taten Jesus weh und lachten über ihn. Wie sollte das wohl enden? Ich erzähle es dir morgen.

### OsterWeg

Osterkerze anzünden.

Schale mit Wasser aufstellen, Kerze daneben.

Dornenkrone aus Dornengestrüpp binden.

### Material

Osterkerze
Streichhölzer
Schale mit Wasser
Dornengestrüpp
(kleine Ästchen)

Donnerstag

*Karfreitag* — 18

### Material

Fotokarton
Schere
Klebstoff
Ostergras
zum Verzieren
nach Bedarf:
Stifte

### Wissenswertes

**Das Osterlachen**

ist ein Brauch, der heute leider kaum mehr bekannt ist, obwohl es ein sehr schöner Brauch ist. Der Priester erzählte früher in der Osterpredigt immer lustige Sachen, sodass alle lachen mussten. Damit wollte er der Gemeinde deutlich machen, dass es an Ostern fröhlich zugehen soll, weil es ein Fest der Freude ist. Auch wenn es bei uns in den Ostergottesdiensten oft sehr ernst zugeht, so habt ihr hoffentlich zu Hause ganz viel Spaß mit den Osterspielen oder den Bastelarbeiten.

### Kreativ-Tipp

**Osterkörbchen**

Schneide den Fotokarton entprechend der Vorlage aus. Entlang der gestrichelten Linie knickst du die Kanten nun nach innen. Auch die schmalen Klebekanten müssen nochmals extra nach innen gefaltet werden.
Du kannst dein Körbchen mit Ostertieren oder bunten Ostereiern aus Tonkarton verzieren, es bemalen, bekleben ... – deiner Fantasie sind keine Grenzen gesetzt.
Nun bestreichst du das Körbchen an den Klebeflächen mit Klebstoff und klebst es zusammen.
Du kannst auch einen Tonkartonstreifen (ca. 1 cm breit) ausschneiden, den du an die beiden gegenüberliegenden Kanten innen als Henkel anklebst.
Noch ein bisschen Ostergras hinein und schon ist dein Körbchen fertig.

*Anhang Nr. 4*
Seite 32/33

*... beim Verzieren sind deiner Fantasie keine Grenzen gesetzt.*

„Helfende Hand" für den Osterweg:

Lege deine Hand auf ein Blatt Papier und umfahre sie mit einem Stift (nimm dazu entweder die andere Hand oder macht es zu zweit). Schneide die Kontur aus.

Malpaier
ca. DIN A 5
Stift
Schere

*Oli macht einen Ausflug ...*

**Olis Osterlied**

Er muss sterben
auch für mich.
Unsre Schuld hat er getragen,
am Kreuz opfert Jesus sich.
Er muss sterben auch für mich.

Mitten am Tag wird auf der Erde
dunkle Nacht.
Und der Vorhang reißt im Tempel.
Jesus stirbt – es ist vollbracht!

## Jesus trägt die Last

### Oli Osterling erzählt

Jesus wurde nun zu der Stelle geführt, wo er gekreuzigt werden sollte. Man nennt sie Golgatha – Schädelstätte. Sie hatten ihn blutig geschlagen und mit der Dornenkrone auf dem Kopf musste er sein Kreuz durch die ganze Stadt tragen.

Da standen viele Leute am Wegrand und schrien ihn an. Sie hatten Jesus begleitet oder von seinen Geschichten gehört.
Die einen freuten sich, dass der, der behauptete, der König der Juden zu sein, sterben sollte. Andere hatten gehofft, dass Jesus ihr neuer König werden würde und konnten jetzt nicht begreifen, dass Jesus ans Kreuz genagelt werden sollte.
Ich habe mich gefragt, ob ich wegfliegen sollte. Es fiel mir schwer, Jesus so leiden zu sehen. Er konnte einfach nicht mehr und ich hätte es nie gewagt, mich auf dem Kreuz niederzulassen. Denn es war schon viel zu schwer für ihn und ich hätte es doch noch schwerer gemacht – auch wenn ich nur ein kleiner Schmetterling bin.
Plötzlich hatte Jesus keine Kraft mehr, stolperte und fiel hin. Da musste ein anderer Mann, Simon aus Kyrene, sein Kreuz tragen und ihm helfen.

**Jesus wird ans Kreuz genagelt**
Auf Golgatha angekommen, nagelten sie Jesus ans Kreuz und befestigten über ihm ein Schild auf dem stand: „INRI", das bedeutet: „Jesus von Nazareth, König der Juden". Wieso tat oder sagte Jesus die ganze Zeit bloß nichts?

Die Soldaten würfelten sogar noch darum, wer sein Gewand behalten durfte.
Dann wurden neben Jesus auch noch zwei Verbrecher aufgehängt. Aber Jesus hatte doch gar kein Verbrechen begangen. Ich verstand das alles nicht. Hing er da wirklich nur, weil er von sich behauptete, dass er der König der Juden sei?

**Jesus stirbt und nichts ist mehr, wie es war**
Plötzlich hatte ich ein komisches Gefühl im Bauch. Ich flatterte zwischen den Menschen hin und her, die auch ganz unruhig wurden. Es war 12 Uhr Mittag und eigentlich sollte die Sonne scheinen. Aber es wurde ganz dunkel am Himmel. Man hätte meinen können, dass bald ein richtiges Gewitter einsetzen müsse. Doch es geschah nichts – bis um 15 Uhr. Da hob Jesus auf einmal seinen Kopf und rief mit klarer Stimme: „Mein Gott, mein Gott, warum hast du mich verlassen?" Dann starb er.

In diesem Augenblick zerriss im Tempel der Vorhang im Allerheiligsten und die Erde fing an zu beben. Ich, Oli der Schmetterling, verstand gar nichts mehr, nur eins fing ich an zu begreifen: Sein Tod musste sein, weil damit etwas Neues anfing. Jesus musste sterben und irgendetwas hatte dieser Tod auch mit mir zu tun.

### OsterWeg

Vor dem Start: Osterkerze anzünden.

Dornenkrone (s. gestern) dazulegen.

Holzkreuz aus Ästen zusammenbinden und neben die Kerze legen.

„Helfende Hand" neben das Osterlicht legen.

Kreuz senkrecht neben Kerze aufstellen.

Würfel und ein Stück Stoff zur Kerze legen.

Osterkerze ausblasen und ans Kreuz ein violettes Tuch hängen.

Kerze hinlegen.

### Material

Osterkerze
Streichhölzer
2 kleine Äste
Schnur
„Helfende Hand" *
(siehe S. 18)
*zuerst „basteln"!

Würfel
2 Stoffreste:
weiß und violett

## KarFreitag

19

# 20

## Samstag

### Material

Tontöpfe
in beliebigem Format
(es gilt: je kleiner
desto niedlicher und
desto kürzer die
Backzeit.)
Wasserfarben
Deckweiß

Teigzutaten

braunes Tonpapier
Schere

### Wissenswertes

**Osterhase**

Woher der Brauch kommt, dass der Osterhase den Kindern die Geschenke bringt und versteckt, weiß niemand so genau. Er ist auf jeden Fall schon seit 400 Jahren als der „Eierbringer" bekannt. Da der Hase im Frühling zu den ersten Tieren gehört, der seine Jungen bekommt, ist er somit auch ein Sinnbild für „neues Leben", also auch für die Auferstehung.
Andere behaupten, dass der Hase ein beim Backen missglücktes Osterlamm sei. Die Ohren sind dem Bäcker einfach zu groß geraten und wenn der Hase kauert, könnte man mit viel Fantasie darin die Lammform erkennen.

*Ob der wirklich die Ostereier bringt?*

### Kreativ-Tipp

**Osterhase in Tontöpfen backen**

Tontöpfe spülen und nach dem Trocknen mit Wasserfarben ein Hasengesicht aufmalen. Für die Augen eignet sich Deckweiß sehr gut, die man nach dem Trocknen schwarz umrandet und noch mit einer Pupille ausstattet.

*Teig für 6-8 Tontöpfe mit einem Durchmesser von 10-12 cm:*

125 g Butter
200 g Zucker
1 Pck. Vanillinzucker
3 Eier
Zitronenaroma
500 g Mehl
1 Pck. Backpulver
¼ l Milch
1 Pr. Salz

Alle Zutaten zu einem geschmeidigen Teig verrühren, die Töpfe auf ein Backblech stellen und 2/3 voll füllen. 1/3 des Marmorkuchenteiges sollte für die dunkle Masse übrig bleiben.

2 Essl. Kakao zum hellen Teig hinzufügen und verrühren. Mit dem eingefärbten Teig die Töpfe befüllen, aber nicht ganz voll, da der Teig noch aufgeht. Mit einer Gabel den dunklen Teig spiralförmig unterheben.
Backofen auf 180 °C vorheizen. Backzeit: 35 Min.

Die Backzeit kann man zur Herstellung der Hasenohren nutzen: Dazu aus braunem Tonkarton Ohren ausschneiden. Dabei kann man beispielsweise auch ein Ohr abgeknickt gestalten.
Wenn die Tontöpfe aus dem Ofen genommen werden, bleibt der Kuchen in den Töpfen. Man steckt die Ohren sofort hinein, solange die Kruste noch nicht hart geworden ist.

**Olis Osterlied**

*Legt ins Grab ihn,
er ist tot.
Noch vor Sabbat ihn begraben,
denn so lautet das Gebot.
Legt ins Grab ihn, er ist tot.*

*Ein neues Felsengrab,
in dem noch niemand lag.
Mit dem schweren Stein davor.
So war es bis zum dritten Tag.*

## Das Begräbnis

### Oli Osterling erzählt

Nachdem Jesus gestorben war, sind viele Menschen traurig nach Hause gegangen. Aber ich wollte und konnte ihn einfach nicht allein lassen. Sollte er da einfach so hängen bleiben? Ich wollte abwarten, ob nicht doch noch etwas vielleicht Wunderbares passieren würde. So saß ich auf einem Grashalm und ließ mich ein bisschen vom Wind hin und her schaukeln.

**Josef beerdigt Jesus in einem schönen Grab**
Gegen Abend schreckte ich hoch, denn da kam ein Mann vorbei. Irgendwo hatte ich ihn schon gesehen. Ach richtig, es war Josef, ein reicher Mann, der sich gerne das angehört hatte, was Jesus zu sagen hatte. Ich hatte ihn immer wieder in Jesu Nähe gesehen. Was er wohl hier zu tun hatte? Stell dir vor, er nahm all seine Kraft zusammen und kippte das Kreuz von Jesus um. Er hatte ein ganz weißes Leintuch dabei und wickelte Jesus darin ein.

Oh wie war ich froh, dass Jesus nicht an diesem Ort hängen bleiben musste und nun begraben wurde. Sicher hatte Josef ein schönes Grab für Jesus ausgesucht. Ich folgte Josef. In der Stadt stießen noch einige Frauen zu uns und begleiteten uns in einen schönen Garten.

Dort war ein Grab in einen Felsen gehauen. Josef legte Jesus hinein und verschloss es mit einem schweren Stein.

Jesus war also wirklich tot. Nichts Wunderbares hatte sich ereignet. Aber ich war sehr froh, dass er wenigstens in einem Grab liegen konnte.

**Das Grab wird bewacht**
Die Frauen blieben noch vor dem Stein sitzen und bewachten das Grab. Ich blieb einfach noch bei ihnen und flog dann etwas durch den Garten. Er war voll mit wunderschönen Blumen. Aber ich hatte gar keinen Hunger. Ich war viel zu traurig. So verbrachte ich auch den nächsten Tag in diesem Garten. Es wurde noch ein Wachposten vor dem Grab aufgestellt. Es geschehen schon seltsame Dinge. Jesus war doch tot. Wieso wurde dann sein Leichnam bewacht?

### OsterWeg

(Osterkerze liegt seit gestern.)

Kreuz umkippen und ein weißes Tuch über die erloschene Kerze legen.

Moos auslegen und einen großen Stein bereitlegen.

Kerze in den Garten stellen und den Stein davorstellen.

### Stille
Stille mit Kindern aushalten, um die Leere in den Herzen der Jünger (und in Oli) nachempfinden zu können:
Gebet zum Abschluss der Stille:

### Hoffnungsgebet
(Wenn du willst, kannst du das Gebet nachsprechen)

Jesus, ich kann es nicht verstehen, dass du gestorben bist und all das Leid ertragen hast.
Du hast doch gar nichts Böses getan.
Aber ich weiß, dass du trotzdem hier bist.
Das tröstet mich.
Du kannst meine Traurigkeit in Hoffnung verwandeln.
Hab Dank dafür.
Amen.

### Material

Osterkerze
weißes Tuch
Moos
größerer Stein

**KarSamstag**

## Ostersonntag

### Material

Esslöffel
Plastikeier oder hartgekochte Eier
eventuell
Hindernisse:
Tisch, Stühle,
Reifen ...

ausgeblasenes
Ei

Murmeln
hartgekochtes Ei

bunte Bänder
viel Platz
(am besten draußen)

### Wissenswertes

#### Ostertermin

Es gibt unterschiedliche Traditionen, nach denen der Ostertermin festgelegt wird.

Die römisch-katholische Kirche richtete sich nach der ersten Vollmondsnacht nach dem Frühlingsbeginn am 21. März. Das heißt, Ostern kann noch im März, aber auch im April liegen.

In der jüdischen Kultur ist das jüdische Passahfest ausschlaggebend. Nach dem babylonischen Mondkalender wird am 14. Nisan, das ist die erste Vollmondnacht des ersten Monats des Jahres, das jüdische Passahfest gefeiert. Dieses erinnert an den Auszug des Volkes Israel aus Ägypten. Drei Tage später ist Jesus auferstanden. Dabei spielt der Wochentag keine Rolle.

Schon in den ersten Jahrhunderten war es im Christentum üblich, Ostern an einem Sonntag zu feiern. Auf dem Konzil von Nicäa im Jahre 325 n. Chr. wird dies nochmals festgelegt, sodass Ostern in Europa am ersten Sonntag nach dem Frühlingsvollmond gefeiert wird.

### Kreativ-Tipp

#### Spiele rund ums Ei

**Eierlauf:**
Zwei Gruppen stehen aufgereiht hinter der Startlinie. Auf „Los!" rennen die ersten beiden Spieler der Gruppen mit einem Esslöffel in der Hand und einem Ei darauf los. Man kann dafür einen Hindernisparcour aufbauen oder die Kinder auch einfach rennen, auf einem Bein hüpfen oder kriechen lassen. Ein Stuhl markiert den Wendepunkt. Wenn sie ihre Runde beendet haben, übergeben sie den Eierlöffel dem nächsten Spieler ihrer Gruppe. Die Gruppe, die als erste fertig ist, bekommt ein Ei auf der Punkte-, bzw. auf der Eierskala.

**Eierpusten:**
Zwei Gruppen sitzen sich an einem Tisch gegenüber. In ihrer Mitte liegt ein ausgeblasenes Ei. Auf „Los!" versuchen sie das Ei auf die gegnerische Seite zu pusten. Wenn dieses dort entweder vom Tisch fällt oder über eine vereinbarte Grenze fliegt, bekommt die Gruppe ein Ei auf der Eierskala.

**Eierbowling:**
Ein hartgekochtes Ei wird in die Mitte des Raumes gelegt. Welche Gruppe am meisten ihrer Murmeln in die Nähe des Eies rollen kann, hat gewonnen und bekommt ein Ei auf der Eierskala.

**Jäger und Hase:**
Es werden zwei Jäger bestimmt, die den Hasen (Kinder, die hinten in ihre Hose den Hasenschwanz gesteckt haben, ein Band oder ähnliches) ihre Schwänze klauen müssen. Ist ein Häschen gefangen, wird es sofort zum Jäger. Das Häschen, das am Schluss übrig bleibt, hat gewonnen. Man kann auch der Gruppe, aus dem das Häschen stammt, ein Ei auf der Eierskala geben.

*Mit selbst gestaltenen Eiern machen die Eierspiele gleich doppelt Spaß. Und hinterher: Guten Appetit!*
*Vorsicht: Bitte mit dem Eierkünstler vorher klären, ob das Kunstwerk schon „reif" ist. Sonst kann´s Tränen geben.*

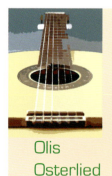

### Olis Osterlied

Auferstanden ist der Herr!
Hat des Todes Macht gebrochen.
Kommt und seht: Das Grab ist leer.
Auferstanden ist der Herr!

Wer kann es fassen, schaut:
Das Grab ist längst schon leer.
Engel sagen es den Frauen,
die mit Salböl kamen her.

## Jesus lebt

### Oli Osterling erzählt

Setzt euch am besten gleich gemütlich hin, denn was ich euch heute erzähle, das übertrifft alles! Und ihr sollt ja nicht vor lauter Staunen umkippen.
Ich hatte in der Nacht auch wieder schlecht geschlafen. Die Sonne wärmte schon ganz zart meine Flügel, als ich die drei Frauen sah, die zum Grab hinliefen. Wie sie später erzählten, wollten sie den Leichnam mit gutem Öl einsalben und so Jesus eine letzte Ehre erweisen.

**Das Grab ist leer**
Doch so wahr ich Oli, der Schmetterling bin, was ich da sah, war unfassbar. Der Stein war vom Grab weggerollt, und das Grab war leer.
Hatte jemand den Leichnam geklaut oder was war passiert? Oh, warum hatte ich nur nicht aufgepasst und hatte die ganze Nacht geschlafen? Die Frauen gingen in das Grab hinein und schauten sich ratlos an. Auch ich flog in das Felsengrab. Da wurde es plötzlich taghell und zwei leuchtende Gestalten standen hinter den Frauen.

Sie sagten: „Was sucht ihr hier? Jesus lebt! Gott hat ihn vom Tod auferweckt. Er ist nicht mehr im Grab zu finden. Gott hat ihn wieder auferweckt. Der Tod ist besiegt. Jesus lebt!"

Die Frauen konnten es kaum fassen. Sie waren außer sich vor Freude und umarmten sich.

**Die gute Nachricht wird weitergetragen**
Schnell liefen sie los, um diese gute Botschaft den Jüngern und Freunden Jesu zu erzählen. Ich flatterte aufgeregt hinterher und schlug immer wieder Loopings im Wind. Jesus lebt! Jesus lebt!
Das riefen auch die Frauen in das Haus hinein, in dem die Jünger beieinander waren. „Kommt schnell und seht, Jesus liegt nicht mehr im Felsengrab. Er lebt!" Doch die meisten schauten nur mürrisch und dachten, die Frauen wären nun völlig übergeschnappt. Nur Petrus ließ alles stehen und liegen und rannte los. Ich flog ihm hinterher. Er fand im Grab nur die Leinenbinden, in die Jesu Leichnam eingewickelt gesesen war. Jesus war wirklich auferstanden!
Mit einer tiefen Freude im Herzen ging Petrus zu den anderen Jüngern zurück. Nun fingen auch sie an, das, was die Frauen gesagt hatten, zu glauben.
Doch eine Frage blieb offen. Wo war Jesus jetzt? Ich wollte ihn so gerne wiedersehen. Doch mehr davon erzähle ich euch morgen.

### OsterWeg

(Osterkerze liegt noch.)

Stein von der Kerze wegrollen.
Kerze außerhalb des Osterwegs stellen.

Das weiße Tuch zusammenfalten und hinlegen.

Teelichte neben den Stein legen.

Osterkerze und Teelichte anzünden.
(Osterkerze zuerst)

### Gebet

## Leben

(Wenn du willst kannst du das Gebet nachsprechen)

Jesus, ich kann es noch kaum fassen.
Du bist tatsächlich auferstanden!
Du lebst und du hast das alles durchgemacht, um den Tod zu besiegen.
Und weil du den Tod besiegt hast, kann auch ich leben.
Vielen Dank, dass du das alles für mich getan hast.
Ich freue mich so, dass du lebst.
Am liebsten würde ich in der Luft Purzelbäume schlagen.
Amen.

### Material

Osterkerze
zwei Teelichte
Streichhölzer

**OsterSonntag**

# 24

## Ostermontag

### Material

Schokoladeneier und Co

Fotokarton
Klebstoff

beim Osterspaziergang Gesammeltes:
kleine Steine, Moos, Blätter, Blüten, Vogelfedern …

### Wissenswertes

**Osterwasser**

Das Osterwasser hat einen heidnischen Ursprung.
Es gilt als Symbol für das Leben und die Fruchtbarkeit und wird daher auch im Gedenken an die germanische Frühlings- und Fruchtbarkeitsgöttin Ostera geschöpft. Kranke Menschen und Tiere sollten sich im Osterwasser waschen, um gesund zu werden oder auch um vor Krankheit geschützt zu werden. Es wurde aber auch dem Jugend und Schönheit versprochen, der in dem Wasser badete. Noch heute gibt es den Brauch, dass Mädchen am frühen Ostermorgen aus einem Bach entgegen dem Strom schweigend Wasser schöpfen, um für das ganze darauf folgende Jahr vor Krankheit und Unglück geschützt zu sein.

*Fundstück beim Osterspaziergang*

### Kreativ-Tipp

**Osterspaziergang**

Noch gerne erinnere ich mich an die Osterspaziergänge, die ich als Kind mit meinen Eltern im Osterurlaub in Österreich am Ostersonntag gemacht habe. Meistens führten sie uns in den nahegelegenen Wald.

**Versteck im Mauseloch**
Kleinere Kinder kann man wunderbar zum selbstständigen Laufen begeistern, wenn man ihnen erklärt, dass der Osterhase vorher durch diesen Wald gelaufen ist und etwas für das Kind versteckt hat. Es soll nur intensiv am Wegesrand suchen. Oder man leitet seinen Blick, in dem man ruft: „Schau mal, da vorne sehe ich etwas leuchten. Da hat sicher der Osterhase etwas verloren." Natürlich muss ein Elternteil vorher unbemerkt etwas versteckt haben oder eine kleine Gummibärchenpackung fallen lassen. Aber in der Regel sind die Kinder so am Suchen, dass sie den elterlichen Osterhasen gar nicht bemerken.
So haben meine Eltern mir mal einige Schokoladeneier in einem Mauseloch versteckt, das sich unter einem Baumstumpf befand. Als ich sie hochnehmen wollte, rutschten sie immer tiefer. Die Mäuse haben sich sicher über diesen Ostergruß sehr gefreut, denn die Eier kamen nicht mehr zum Vorschein. Wir haben noch häufig über dieses Erlebnis gelacht.

**Materialbild:**
Es macht auch viel Spaß, auf dem Osterspaziergang alle möglichen Materialien zu sammeln, aus denen man zu Hause ein Osterbild gestaltet, indem man sie auf einen Fotokarton aufklebt. So entstehen neue Landschaften aus kleinen Steinen, Moos, Blättern, Blüten, Vogelfedern oder was die Natur eben noch so alles anzubieten hat. Die Erinnerung an den Spaziergang bleibt dadurch noch lebendiger.

**Olis Osterlied**

Halleluja,
Jesus lebt.
Feiert mit uns, sagt es weiter,
ihm allein die Ehre gebt.
Halleluja, Jesus lebt.

Als seine Jünger
Jesus Christus selber sehn,
können sie es glauben, dass er lebt,
auch wenn sie´s nicht verstehn.

## Ein freundlicher Wegbegleiter
### Oli Osterling erzählt

Ich hatte nur noch einen Wunsch. Ich wollte möglichst vielen anderen Schmetterlingen und Tieren erzählen, was ich erlebt hatte. Deshalb schloss ich mich noch am selben Tag zwei Jüngern an, die unterwegs waren nach Emmaus, einem kleinen Dorf in der Nähe von Jerusalem.

Sie unterhielten sich gerade über die Ereignisse der letzten Tage, als ein freundlicher Wanderer zu ihnen stieß und sie ansprach: „Darf ich mit euch gehen? Ich muss in dieselbe Richtung."
Die Jünger hatten nichts dagegen. Der Mann sah wirklich sehr nett aus und schien gar nichts vom Tod Jesu und allem, was passiert war, zu wissen. Deshalb erzählten die beiden ihm alles und ließen auch nicht ihre Enttäuschung darüber aus, dass Jesus, der doch König werden sollte, getötet worden war. Ihre Unterhaltung war sehr spannend und ich hörte aufmerksam zu, auch wenn ich nicht alles verstand.

**Gemeinsames Abendessen mit Jesus**
Als sie nach Emmaus kamen, war es schon Abend. Da luden die Wanderer den Mann zu sich zum Abendbrot ein. Er nahm die Einladung an. Ich war so neugierig, dass ich den drei Männern folgte. Als sie am Tisch saßen, nahm er das Brot, dankte Gott dafür und brach es.

Aber Moment mal, das klang ja wie bei Jesus selber, als er mit seinen Jüngern das Passahfest feierte. Das merkten auch die beiden Jünger: Der Wanderer war Jesus gewesen!
In diesem Augenblick verschwand er. Warum hatte ich ihn nicht erkannt? Ich habe ihn selber gesehen. Stell dir das mal vor. Er ist wirklich auferstanden. Halleluja!
Die beiden Männer packten, so schnell sie konnten, ihre Sachen und rannten den ganzen Weg nach Jerusalem zurück. Sie wollten unbedingt den anderen Jüngern erzählen, was sie erlebt hatten. Aber auch dort hatte sich Jesus schon gezeigt.

Durch diese Geschichte ist mir klar geworden, dass Jesus immer bei mir ist, auch wenn ich ihn vielleicht nicht bemerke und ihn nicht sehen kann. Aber er ist da und lebt! Das werde ich jetzt noch ordentlich feiern! Tschüüß!

## OsterWeg

Vor dem Start: Osterkerze anzünden.

Wegweiser aus einem Schaschlickspieß aufstellen, der nach Emmaus zeigt. Dazu kann man noch kleine Kieselsteine legen, die den langen Weg symbolisieren.

Brotstück zum Schild legen.

## Gebet

(Wenn du willst, kannst du mitbeten.)

Halleluja!
Jesus, du lebst und bist tatsächlich vom Tod auferstanden.
Was für ein Wunder!
Jesus, nun weiß ich,
dass Du bei mir bist,
auch wenn ich Dich nicht sehen kann.
Du siehst alles, was ich tu,
und ich kann so mit Dir reden,
als wenn Du neben mir stehen würdest.
Du bist mein bester Freund!
Amen.

## Material

Osterkerze
Streichhölzer
Schaschlickspieß mit Papierpfeil
(als Wegweiser)
kleine Kieselsteine
Brotstück

**OsterMontag**

# 26 Oli Osterlings Oster-Flug

## Erklärung

Oli Osterling erklärt

### Warum Oli ein Schmetterling ist

Oli, der Schmetterling, hat euch durch die Ostergeschichte begleitet.

Aber wieso wird diese Geschichte wohl von einem Schmetterling erzählt und nicht von einer Fliege oder einem Elefant? Weißt du wie ein Schmetterling entsteht?
Gott hat sich da etwas ganz Besonderes ausgedacht:
Eine Raupe frisst sich dick und rund, verpuppt sich dann eine Weile und aus diesem Kokon entsteht ein wunderschöner Schmetterling. Es muss also auch erstmal etwas Altes absterben, damit etwas Neues, das noch viel schöner ist, als das, was vorher da war, entstehen kann.
So ist es auch mit Jesus. Auch er ist gestorben, damit alles, was wir falsch machen, an sein Kreuz genagelt werden kann. Wenn wir an Jesus glauben, an seinen Kreuzestod und an seine Auferstehung (sein neues Auftreten) werden wir selber auch „neu" werden, d.h. wir werden auch mal auferstehen.

Oli, der Schmetterling, will euch daran erinnern, dass auch aus euch etwas „Neues" werden kann. Wie? Jesus kann es euch zeigen. Er möchte euer bester Freund sein.

# Oli Osterlings Oster-Basteln

27

Anhang

## Material

Fotokarton
Transparentpapier
Schere
Bleistift
Klebestift

## Kreativ-Tipp

Für die Bastelarbeiten eignet sich am besten **Fotokarton**. Stelle dir voher eine Schablone her. Das geht so:

Pause die Vorlage mit einem Transparentpapier ab. Dazu legst du das Transparentpapier auf die Vorlage und fährst die Linien nach.

Variante 1 für ältere Kinder:
Danach legst du das Papier mit der abgepausten Schablone auf einen passenden Fotokarton und fährst die Linien nochmals auf dem Transparentpapier nach.
Achtung! Du musst mit deinem Bleistift gut draufdrücken, sonst siehst du die Linien nachher nicht auf dem Tonpapier. Nun kannst du den durchgedrückten Linien entlang den Fotokarton ausschneiden.

Variante 2:
Das Transparentpapier wird mit einem Klebestift auf Fotokarton geklebt und beides zusammen ausgeschnitten.
Die so gefertigte Schablone ist **mehrfach verwendbar.**
Lege sie nun auf Fotokarton, umrande die Schablone und schneide den Fotokarton aus.

# Oli Osterlings Oster-Basteln

Anhang Nr. 1
29

## Phillipo, der Esel

Phillipo, bemalt von Hannah (3 Jahre), Oli gebastelt von Bastian (2 Jahre)

falten

schneiden

# Anhang Nr. 2
## Oli Osterlings Oster-Basteln

*Hahn*

*Mittwoch*

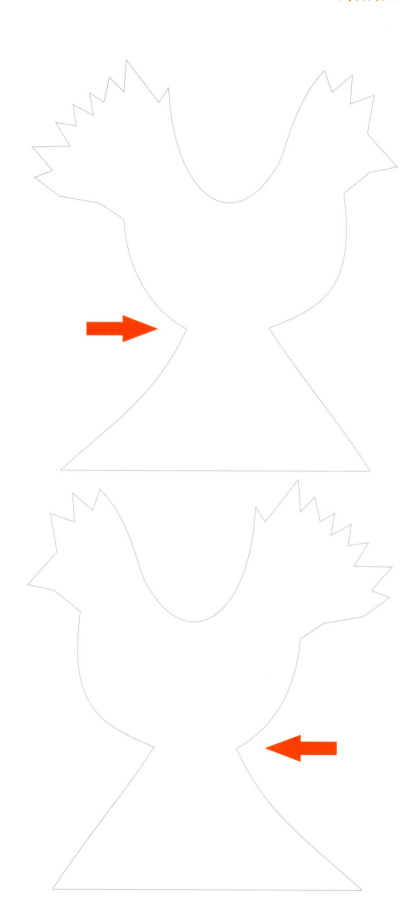

**Material:**
Schere, Klebstoff, Farbstifte

Die beiden Hahnhälften ausschneiden.
Die beiden oberen Hälften bis zum Pfeil
werden zusammengeklebt.
Der untere Teil des Hahnes wird nach
außen geknickt, dass er stehen kann.
Nun kann man ihn noch von beiden
Seiten bemalen und ihn danach im
„Osterweg" platzieren oder auf dem
Ostertisch zur Dekoration aufstellen.

# Oli Osterlings Oster-Basteln

Anhang Nr. 3
31

„Ein Osterküken schlüpft"

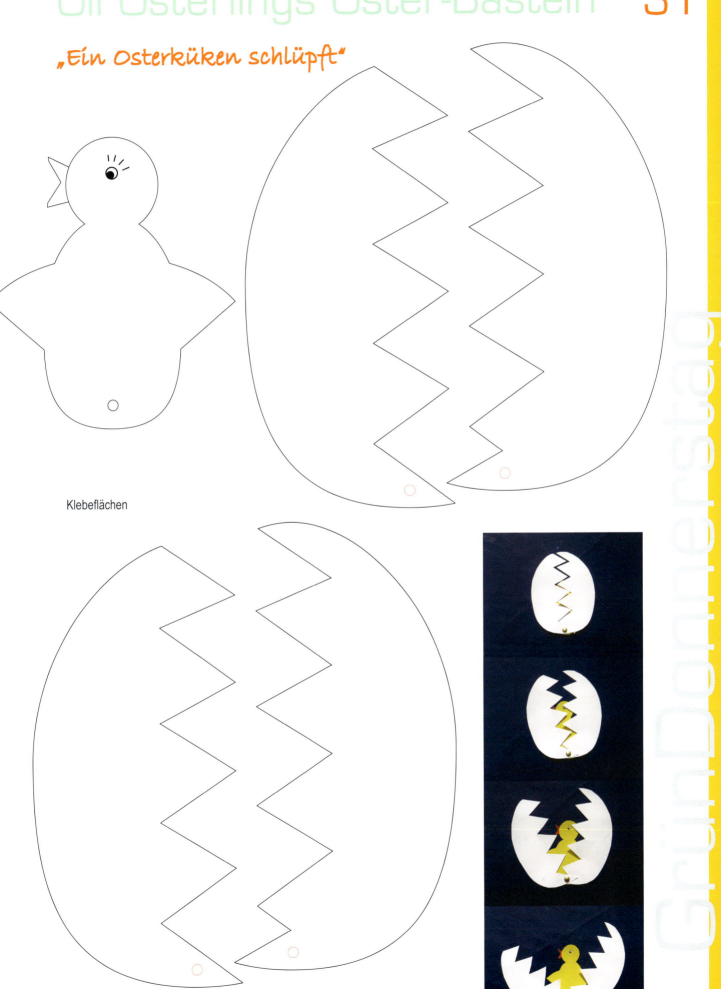

Klebeflächen

Anhang Nr. 4
## Oli Osterlings Oster-Basteln

*Osterkörbchen*

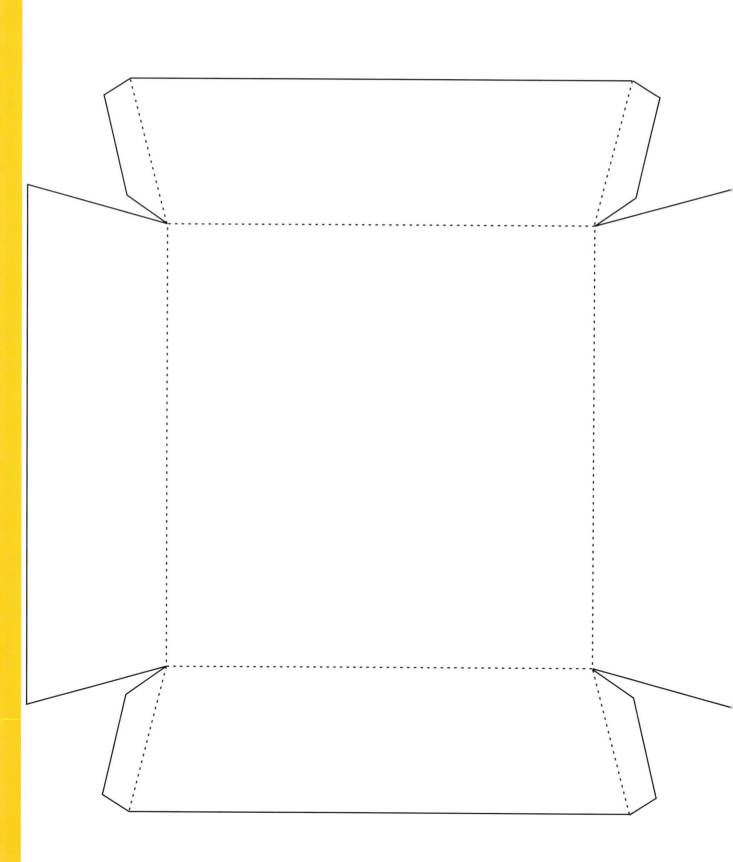

# Oli Osterlings Oster-Basteln

Anhang Nr. 4
33

Osterkörbchen - Variante

# Oli Osterlings Probe-Flattern

*Oli Osterling und seine kleinen Freunde.*

## Erfahrung

### Erlebnisse mit Oli Osterling

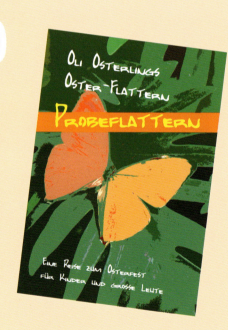

Bevor es die „Reise zum Osterfest" gab, hieß unser Buch „Oli Osterling". Unter diesem Titel fand ein „Oli Osterlings Probeflattern" statt, d.h. wir haben das Buch 50 Mal ausgedruckt und an Freunde verteilt und bei zwei Familienfreizeiten an die Familien ausgeteilt. Sie sollten einen Oli-Probedurchlauf starten und uns von ihren Erfahrungen berichten. Hier eine kleine Auswahl der Rückmeldungen:

„Die Kinder haben gerne und kreativ mitgemacht. Es hat ihnen Spaß gemacht. Sara (1,5 J.) war jedoch eher schwierig einzubinden. Mit der Gestaltung und der Anordnung sind wir gut zurechtgekommen. Das Buch macht keinen Stress. Es ist nicht schlimm, wenn man einen Tag ausgesetzt hat bzw. kann man auch mal 2 Einheiten an einem Tag machen."
**Eva, Mutter von 3 Kindern im Alter von 1,5 J.- 9 J.**

„Ansprechende Gestaltung, gute Ideen und ein Konzept, das sich in der Praxis bewährt hat – mit Oli Osterling erfahren Kinder mit viel Spaß, dass es an Ostern um mehr geht als nur um Eier und Schokohasen."
**Evelyn Mutter von 2 Kindern im Alter von 10 Monaten und 3 J.**

„Wir haben es sehr genossen, die Osterzeit mit Hilfe von Oli Osterling ganz bewusst mit unseren Kindern zu durchleben und ihnen die Ostergeschichte auf diese Art nahezubringen. Die Kinder liebten ihren Osterweg so sehr, dass wir ihn weit über Ostern hinaus im Wohnzimmer stehen hatten."
**Familie Huber, Hannes (7 Jahre), Anna (4 Jahre)**

„2006 hatten wir viel Freude mit Oli. Als Ostern 2007 näher kam und wir in der Familie miteinander besprachen, dass Oli dieses Jahr wiederkommen sollte, fragte Ben (5 Jahre), ob Oli denn unbedingt ein Schmettling sein müsste. ‚Nein.' Er verschwand in seinem Zimmer und kam nach einer knappen Stunde mit einem köstlichen Fantasietier aus Papier und viel Kleber wieder heraus. ‚Mama, eine Ostermaus!' ‚Und wie heißt sie?' – ‚Oli Osterling natürlich!' Also hat uns 2007 Oli Ostermaus durch die Passionswoche begleitet."

# Erfahrung

„Unser Tablett mit dem Osterweg hatte seinen Platz auf dem Fenstersims im Wohnzimmer gefunden – gut sichtbar von außen. Nachbarskinder waren neugierig geworden. ‚Was macht ihr da?' Und so waren sie ab Mittwoch jeden Abend bei Oli Osterling dabei."
**Familie Haase**

„Die Art, wie die Passionsgeschichte erzählt wird, finde ich sehr gut und kindgerecht aufgearbeitet. Es ist ja wirklich ein schwieriger, ja brutaler Text. Am liebsten würde man den Kindern gar nicht so viele Einzelheiten erzählen wollen. Aber es ist gut! Es wird alles gut veranschaulicht, nichts weggelassen oder ‚verkitscht' und für die Kinder gut nachvollziehbar. Luisa (3,5 J.) hat viele Fragen dazu gestellt, vor allem: ‚Warum?'. Man kommt richtig selber ins Grübeln, um angemessen zu antworten. Sie hat sich sehr mit der Thematik beschäftigt und war immer gespannt auf den nächsten Abend. Die Idee, das Geschehene so aufzubauen, ist super. Alle Materialien können ohne Probleme schnell besorgt und vorbereitet werden. Luisa weiß jetzt, warum Ostern gefeiert wird, und hat es dann gleich Oma und Opa erzählt. Die haben vor Staunen gar nichts mehr gesagt, als sie ihnen erzählt hat, dass Jesus gestorben ist, jetzt aber wieder lebt!"
**Claudia, Mutter von Luisa**

„Wir haben Oli Osterling in einer zusammengefassten Version über einige Wochen vor Ostern im Kindergottesdienst durchgenommen. Jedes Kind hat sich dazu in einem großen Schuhkartondeckel einen eigenen Osterweg gestaltet und an Ostern ausgestellt. Es war ein voller Erfolg!"
**Lissi**

*Auch eine Idee: Oli Ostermaus*

# 36

## Olis Osterlied

1. Lob und Eh- re, Lob und Eh- re, Lob und Eh- re Jesus Christ,
der für mich und al- le Men- schen auf die Welt ge- kom- men ist.
Lob und Eh- re Jesus Christ. FINE
Kommt nach Je- ru- sa- lem, denn dort ist heut was los. Al- le
kom- men, um zu fei- ern, Men- schen, Tie- re, klein und groß.

Bei Vers 10 wird am Schluss nochmal der Anfang von Vers 1 gesungen.

Mit kleineren Kindern kann auch jeweils nur der erste Teil des Liedes gesungen und die Zeilen 3 und 4 weggelassen werden.

1. Lob und Ehre, Lob und Ehre,
Lob und Ehre Jesus Christ,
der für mich und alle Menschen
auf die Welt gekommen ist.
Lob und Ehre Jesus Christ.

Kommt nach Jerusalem,
denn dort ist heut was los.
Alle kommen, um zu feiern,
Menschen, Tiere, klein und groß.

*Samstag*

2. Hosianna, Hosianna,
Hosianna, König du.
Alle Leute jubeln Jesus Christus
auf der Straße zu.
Hosianna, König du.

Auf, auf zum Passahfest,
wir warten lang schon drauf.
Jesus reitet auf dem Esel
nach Jerusalem hinauf.

*Montag Palmsonntag*

3. Brot und Wein
teilt Jesus aus.
Lädt uns ein zu seinem Mahl,
keinen schickt der Herr hinaus.
Brot und Wein teilt Jesus aus.

Feiert das Abendmahl
als Zeichen seiner Tat.
Jesus schenkt sich uns in Brot und Wein.
Gott selbst sich zu uns naht.

4. Wacht und betet
doch mit mir.
Jesus ringt und betet einsam,
seine Jünger schlafen hier.
Wacht und betet doch mit mir.

Judas, der ihn verriet,
er kannte gut den Ort.
Jesus wird gefangen abgeführt,
die Truppe bringt ihn fort.

*Dienstag*

5. „Kennst du Jesus?",
fragt man dich.
Petrus leugnet, ihn zu kennen.
Und ich frage: „Was sag ich?"
„Kennst du Jesus?", fragt man dich.

Petrus erinnert sich,
der Herr hat prophezeit:
„Eh der Hahn kräht, wirst du mich
verleugnen". Jetzt tut es ihm leid.

*Mittwoch*

6. „Kreuzigt Jesus!"
– voller Hohn,
schrei'n die Leute. Und der Herr
trägt auf dem Haupt die Dornenkron.
„Kreuzigt Jesus!" – voller Hohn.

„Was hat er denn getan?"
Pilatus weiß es nicht.
Doch sie schreien weiter: „Kreuzigt ihn!"
Man spuckt ihm ins Gesicht.

*Gründonnerstag*

7. Er muss sterben
auch für mich.
Unsre Schuld hat er getragen,
am Kreuz opfert Jesus sich.
Er muss sterben auch für mich.

Mitten am Tag wird auf der Erde
dunkle Nacht.
Und der Vorhang reißt im Tempel.
Jesus stirbt – es ist vollbracht!

*Karfreitag*

8. Legt ins Grab ihn,
er ist tot.
Noch vor Sabbat ihn begraben,
denn so lautet das Gebot.
Legt ins Grab ihn, er ist tot.

Ein neues Felsengrab,
in dem noch niemand lag.
Mit dem schweren Stein davor.
So war es bis zum dritten Tag.

*Karsamstag*

9. Auferstanden
ist der Herr!
Hat des Todes Macht gebrochen.
Kommt und seht: Das Grab ist leer.
Auferstanden ist der Herr!

Wer kann es fassen, schaut:
Das Grab ist längst schon leer.
Engel sagen es den Frauen,
die mit Salböl kamen her.

*Ostersonntag*

10. Halleluja,
Jesus lebt.
Feiert mit uns, sagt es weiter,
ihm allein die Ehre gebt.
Halleluja, Jesus lebt.

Als seine Jünger
Jesus Christus selber sehn
können sie es glauben, dass er lebt,
auch wenn sie's nicht verstehn.

*Ostermontag*

# 38

| Tag | Wissenswertes | Kreativ-Tipp | | | Anhang |
|---|---|---|---|---|---|
|  | | | | | |
| Samstag | Kreuzweg | So kannst du Oli basteln | | | |
| PalmSonntag | Die Osterkerze | Osterkerze gestalten | Esel | 1 | Seite 29 |
| Montag | Das Osterlamm | Lamm-Ausstecherle | | | |
| Dienstag | Das Osterei | Eier färben | | | |
| Mittwoch | Ostergrün | Lustige Eierköpfe | Hahn | 2 | Seite 30 |
| GrünDonnerstag | Osterfeuer | Das Osterküken schlüpft | | 3 | Seite 31 |
| KarFreitag | Das Osterlachen | Osterkörbchen | | 4 | Seite 32/33 |
| KarSamstag | Osterhase | Osterhase in Tontöpfen backen | | | |
| OsterSonntag | Ostertermin | Spiele rund ums Ei | | | |
| OsterMontag | Osterwasser | Osterspaziergang | | | |

## Inhalt

| | Seite |
|---|---|
| **Was dieses Buch will** | 3 |
| **Konzept** | 4/5 |
| **Eine Reise zum Osterfest** | ab 6 |
| **Warum Oli ein Schmetterling ist** | 26 |
| **Anhang (Vorlagen)** | ab 27 |
| **Erfahrungen mit Oli** | 34/35 |
| **Olis Osterlied** | 36/37 |

*Gesucht...*
   *...gefunden!*

## Oli Osterling erzählt · Seite

### Eine Reise zum Osterfest:

| | |
|---|---|
| Reisevorbereitung | 6/7 |
| Der Einzug nach Jerusalem | 8/9 |
| Das Abendmahl | 10/11 |
| Gefangennahme | 12/13 |
| Petrus will nicht dazugehören | 14/15 |
| Verurteilung | 16/17 |
| Jesus trägt die Last | 18/19 |
| Das Begräbnis | 20/21 |
| Jesus lebt | 22/23 |
| Ein freundlicher Wegbegleiter | 24/25 |

*Das Bisquit-Osterlamm steht auf dem Tisch.*

### Bildnachweis:

Böhmann (S.18 Mitte, S.20 oben, S.29 oben, 35/3-6, 40); Wörner (S.39 rechts); Naghib (S.35/1)
creativ collection (S.10 unten, S.12, S.14 unten links, S.20 unten, S.24, S.38);
alle anderen (einschl. Titelfoto) archi A.C.T. Anlauff-Haase.

### Die Oli Osterling-Macher:

**Stefanie Böhmann** (geb. Haase),
geboren 1977 in Stuttgart, aufgewachsen im Herzen der Großstadt.
Lebensstationen: Stuttgart – Paraguay – Stuttgart – Freising
Seit 1999 mit Tilo im Familienaufbau tätig:
2002 erster Erfolg mit Hannah, es folgten 2004 Julia und 2007 Daniel.
Berufsprofil: Mama, Ehefrau, Grund- und Hauptschullehrerin, Tagesmutter, Krabbelgruppenleiterin und freie Redakteurin.

**Tine Anlauff-Haase**,
geboren im (fast) geburtenstärksten Jahrgang (1965),
Stuttgart – Brasilien – Berlin – Stuttgart,
verliebt – verlobt – verheiratet (seit 1992) mit dem allerbesten aller Ehemänner: Christoph Haase,
Mutter (seit 2001) von Sohn Ben-Vincent,
erlernte Berufe: Schreinerin, Architektin (Dipl.-Ing.)
ausgeübte Berufe: Familienmanagerin und -überleberin (mit eigenem und zeitweise „ausgeliehenen" Kindern), archi A.C.T. (gemeinsames Büro mit dem Ehemann): Architektur, GrafikDesign, freie Malerei, KinderAtelier.